MENSCHEN
PEOPLE
HOMMES

Gedruckt mit Unterstützung

der Kulturabteilung der Steiermärkischen Landesregierung

Kulturamt der Stadt Graz

Printed in Austria
Gestaltung: Andreas Schnider Verlagsatelier
Prepress: Weitzer und Partner GmbH, Graz
Druck: druckservice STYRIAN, Graz
ISBN 3-900993-83-1

Wim van der Kallen

MENSCHEN
PEOPLE
HOMMES

50 Jahre Fotografie

Menschenbilder aus vier Kontinenten

mit einem Einleitungstext

von
Hans Hödl

Andreas Schnider Verlagsatelier

Für Helga, Pieter und Frans

Wim van der Kallen

1928: geboren in Tilburg, Holland
1947: Matura

1954 – 1965: Missionar in Lesotho (Süd Afrika).
1966: Eheschließung in Speyer am Rh. (BRD) mit der Kinderärztin Helga Kettisch.
1967 und 1971: Geburt der Söhne Pieter und Frans.
1966 – 1969: Studium der Fotografie an der „Famous Photographers School" und Meisterprüfung für Fotografie in Holland. Gleichzeitig Studium am Institut für Katechetik und Homeletik in München.
1969 – 1972: Tätigkeit als Katechet in Malawi (Zentral Afrika).

Seit 1972 in Österreich wohnhaft. Tätigkeit als freischaffender Fotograf für Agenturen in Paris und München, für Zeitschriften (vor allem der Steyler Presse) und Buchveröffentlichungen bei den Verlagen Styria/Graz, Niederösterreichisches Pressehaus/St. Pölten, Verlag St. Gabriel/Mödling, Verlag Carinthia/Klagenfurt und Stürtz Verlag/Würzburg.
1980 – 1988: Tätigkeit als Erzieher und Lehrer am Abteigymnasium in Seckau.

Wichtigste Publikationen:
Beim Verlag Styria: „Graz" 1978; „Roseggers Waldheimat" 1978; „Das Buch vom Schöckel", 1981; „Schrammelmusik" 1981; „Nachdenken mit Martin Gutl" 1983; „Gefährdete Paradiese" 1985; „Du Quelle in der Wüste" 1987; „Die Seckauer Apokalypse von Herbert Boeckl" 1989; „Romanik in Österreich" 1990; „Graz" 1991; „Peter Rosegger" 1995; „Paula Grogger" 1997.

Beim Verlag NÖ Pressehaus: „Das Kamptal" 1980; „Die Wachau" 1981; „Das Thayatal" 1983.
Beim Verlag St. Gabriel: „Für das Leben der Welt" 1985; „Mit allen deinen Geschöpfen (Der Sonnengesang von Franz von Assisi)" 1988.

Beim Carinthia Verlag: „Geheimnisvoll erstrahlt das Kreuz" 1994; „Das Fastentuch im Dom zu Gurk" 1994; „Der Dom zu Gurk" 1995.
Beim Stürtz Verlag: „Ungarn" 1990; „Siebenbürgen" 1991.

Zur Fotografie dieses Buches

Das strahlend harte Licht der frühen Morgensonne an einem Sommertag im Gebirge sah zwei Gestalten über die feuchten Gräser und niederrinnenden Bäche gegen die steilen Wände ansteigen, weil dort oben die Fotos für einen großen Bild-Text-Band entstehen sollten. Der eine, berggewohnt und fotografisch interessiert, führte einen Fotografen aus dem Flachland auf die Höhe von über 2000 Meter mitten hinein in das „Zauberreich des Klafferkessels", eine Naturlandschaft, wie es sie in der Steiermark kein zweites Mal gibt.

Der Fotograf war Wim van der Kallen, gebürtiger Holländer, der als Missionar nach Südafrika gegangen war, um später als Fotograf zum Kosmopoliten zu werden. In die Bergwelt geführt hat ihn der Verfasser dieses Textes, der damals das fotografische Auge des Meisters im Umgang mit der Kamera ebenso bewundern lernte wie den gezielten Einsatz der technischen Ausrüstung. Das blitzschnelle Erfassen eines Landschaftseindruckes, das überlegte Hervorholen eines kleinen Details, das Gestalten eines Bildes, mit einem Wort, das Umsetzen der Wirklichkeit in die Bildsprache der Fotografie beeindruckten.

Noch einmal hatte ich Gelegenheit, Wim van der Kallen bei der Arbeit für ein Buch zu begleiten. Ein Buch über den Grazer Hausberg, den Schöckel, ließ uns alle Facetten fotografischer Umsetzung erleben: die Landschaftsfotografie, jene von Bauwerken ebenso wie die von Ausschnitten alter Hüttenbücher, von moderner Technik und Denkmälern aus der Römerzeit und vor allem das Fotografieren von Menschen: Bauern aus dem Umland hatten sich zur Jause vor einer Hütte niedergelassen und gaben Wim van der Kallen die Gelegenheit, die Szene ausdrucksstark genauso in seine Fotowirklichkeit umzusetzen wie eine Aufführung des Hochwälder-Dramas „Das heilige Experiment" auf der Burgruine Stubegg. Das direkte Zugehen auf die Menschen, das Erfassen des Augenblicks, in dem sie ganz sie selbst waren, zeichnete diese Bilder aus. Damit sind wir beim Thema dieses Buches: Menschen.

Menschen werden täglich millionenfach fotografiert. Bei allen Anlässen von der Geburt bis zum Tod klicken Kameraverschlüsse, um festzuhalten, was nur Augenblicke lang Wirklichkeit ist. Die Palette der Fotos reicht vom raschen und beliebig geschossenen Erinnerungsbild bis zum bewußt gestalteten Foto, das eine ganz bestimmte Wirklichkeit des Menschen erfaßt und durch das Medium Fotografie darzustellen versucht. Dies aber setzt zweifach aktives Tun des Fotografen voraus, sein Sehen und sein Gestalten. Auf die Fotografie von Menschen angewandt heißt das, den Menschen beobachten, ihn so sehen, wie er ist; den Augenblick abwarten, bis er sich entkrampft und frei bewegt; seine Stimmungen berücksichtigen und jenen Augenblick einfangen, in dem Gefühle – ob Schmerz und Gram, Freude und Lachen, Optimismus oder Verzweiflung – den Menschen ganz ihn selbst sein lassen. Das aber verlangt vom Fotografen, auf diesen Menschen zuzugehen, ihn aber nicht zu bedrängen, zu verkrampfen oder zu verletzten. Dies wiederum setzt Erfahrung, Menschenkenntnis und auch Ehrfurcht vor dem Menschen voraus, der nicht zum Objekt einer Reportage, eines Agenturbildes oder Schnappschusses degradiert werden darf. Diese besondere Sehweise und oft auch Inspiration braucht der Fotograf, der sich mit seinem Medium auf den Menschen einläßt und diesen mehr als nur formal erfassen will.
Die Kameratechnik gibt dem Fotografen mit den verschiedensten Objektiven das Instrument in die Hand, gestalterisch in das Werden des Bildes einzugreifen. Weitwinkel- oder Teleobjektiv, Ausschnittwahl oder Totale des Blickfeldes, die Perspektive von einem höheren Standort oder das direkte Zugehen auf das Objekt des Bildes – alles vergrößert oder verkleinert, verzerrt, rafft oder dehnt damit die Wirklichkeit, um durch diese Wahl nicht nur gestaltend, sondern auch verändernd ein Bild zu bestimmen. Damit werden Akzente gesetzt, Großes kann relativ klein wiedergegeben werden, sehr Nahes dafür überdimensional groß. Eine Bewegung gewinnt an Bedeutung, eine Haltung oder die Mimik eines Menschen genügen, um alles auszudrücken, was diesen Menschen ausmacht. Ergänzt wird dieses Instrumentarium des Fotografen durch ein völlig „untechnisches Element", durch Licht und Schatten. Sie machen Stimmung, schaffen Spannung, betonen Wesentliches oder lassen zurücktreten. Und doch ist dies alles noch nicht die Quintessenz der Fotografie, wenn es um den Menschen geht. Der Mensch selbst muß sichtbar werden, seine Seele transparent sein.

Damit kommen wir zu Wim van der Kallen und den Bildern dieses Buches. Für Wim, der schon immer ein begeisterter Amateurfotograf war und 1944 zusammen mit einem Freund eine selbstgebastelte Kamera für seine ersten Gehversuche in Richtung Fotografie benützte, hat dieses Medium einen großen Stellenwert, da es ihm erlaubt, etwas auszudrücken, nachdenklich zu machen, eine Botschaft weiter zu geben. Das gilt für alle Bilder dieses Buches wie für die meisten Reportagen, die er bisher veröffentlicht hat. Wim van der Kallen ist mit allen seinen Menschen-Fotos auf der Suche nach dem Menschen hinter der Fassade, nach der Wirklichkeit seiner Existenz. Daß er dies in seiner ihm eigenen Weise tut, das macht seine Fotografie interessant, es ist „seine" Fotografie. Die Bedeutung dieser subjektiven Sicht hat der Fotograf Thomas Höpker in einem Betrag wie folgt beschrieben: „Nichts ist so subjektiv wie das Objektiv eines leidenschaftlichen Fotografen. Gerade die besten Bilder und Bildgeschichten sind Wirklichkeit, gesehen durch ein Temperament, gesehen von Fotografen, die Autoren sind, mit eigenem Stil, sehr persönlichen Vorlieben und Abneigungen." Oder wie es der Magnum-Fotograf Erich Hartmann treffend formulierte: „Ein gutes Foto teilt etwas über die Person mit, die das Bild gemacht hat, und über die Fotografie selbst. Es ist die persönliche und intensive Beschreibung eines besonderen Augenblicks."

Aus dem Gesagten ergibt sich folgerichtig, daß das Sensationsfoto, mit dem sich die um die Welt jagenden Berufskollegen Wim van der Kallens gegenseitig zu übertrumpfen suchen, nicht sein Metier ist. Er sucht nicht die vordergründige Sensation, sondern das Dauerhafte. Ausdruck seiner Menschen-Bilder sind die Fotos dieses Bandes, die bewußt in Schwarzweiß gehalten sind. Das gab dem Fotografenmeister Wim van der Kallen auch die Möglichkeit, in seiner Dunkelkammer mit Ausschnitten und dem Spiel von Licht und Schatten zusätzliche Akzente zu setzen.

Von der Geburt bis zum Tod reicht das Spektrum des Buches, das aber bewußt nicht mit dem Tod aufhört, sondern mit Bildern von lachenden und von Freude erfüllten Menschen ausklingt. Über allem menschlichen Leben stehen Hoffnung und Freude.

Wie der Fotograf mit seinem Thema umgeht, das zeigen die Kapitel „Der Mensch wird / Von der Geburt zum Jugendlichen" – „Der Mensch unter Menschen / Kommunikation, Arbeit, Freizeit, Musik, Kunst" – „Der Mensch und sein Gott / Religionen" – „Der Mensch auf dem Weg zur Vollendung / Die am Rande der Gesellschaft, das Alter, die Freude".

Vertieft man sich in die Bilder dieses Buches und konzentriert man sich auf die Menschen aus den Kontinenten Asien, Afrika, Südamerika und Europa, dann wird ein Wort von Simone Weil der Leitfaden, um diese Bilder zu begreifen:

„Es gibt nur eine Methode, um Bilder zu verstehen:
Nicht versuchen, sie zu interpretieren,
sondern sie so lange anzuschauen,
bis das Licht hervorbricht."

Bleibt mir, dem Fotografen zu seinem Siebziger zu wünschen, daß viele Menschen die Botschaft in seinen Menschen-Bildern verstehen und damit an Zuversicht gewinnen.

Hans Hödl

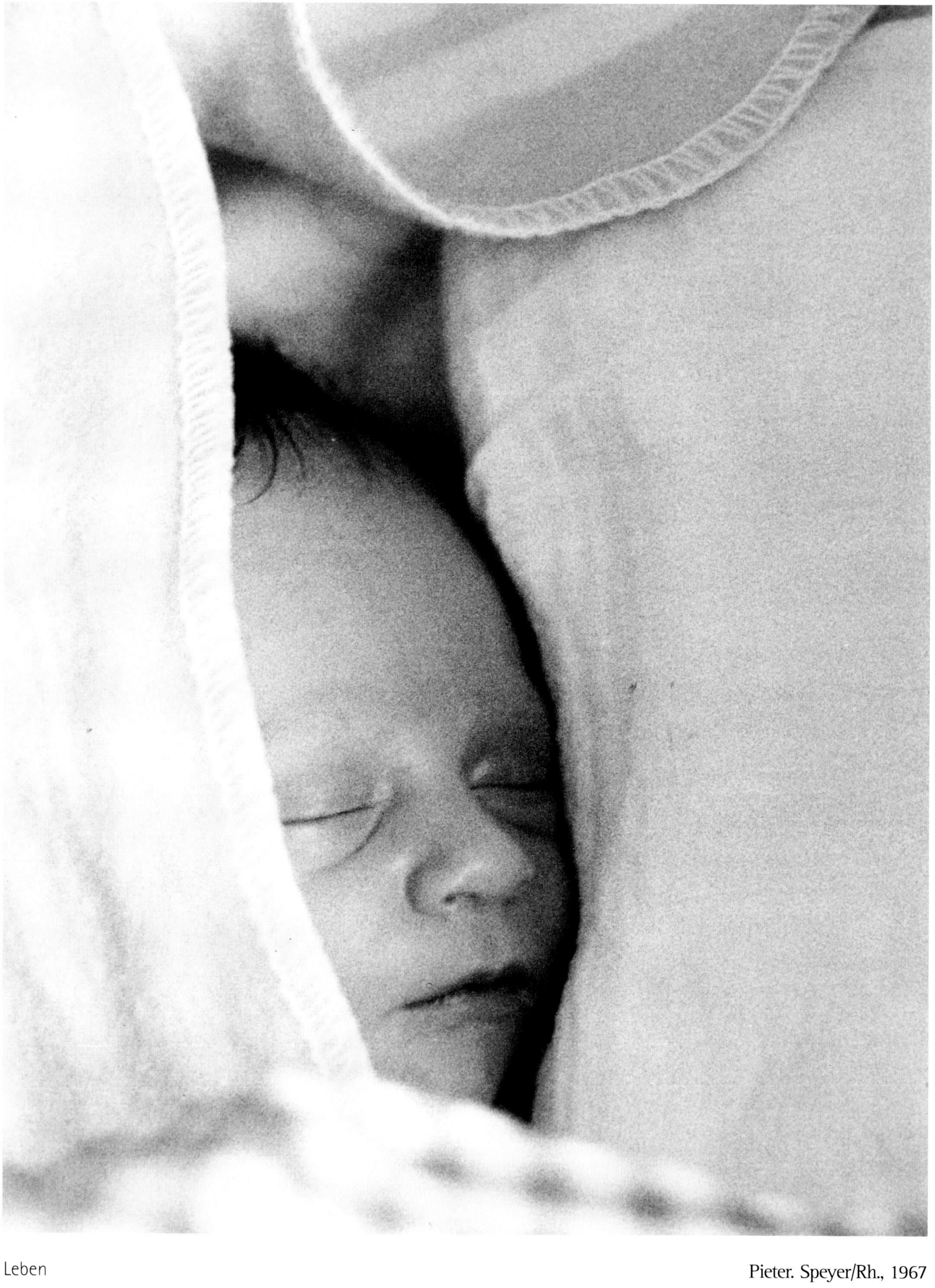

Pieter. Speyer/Rh., 1967

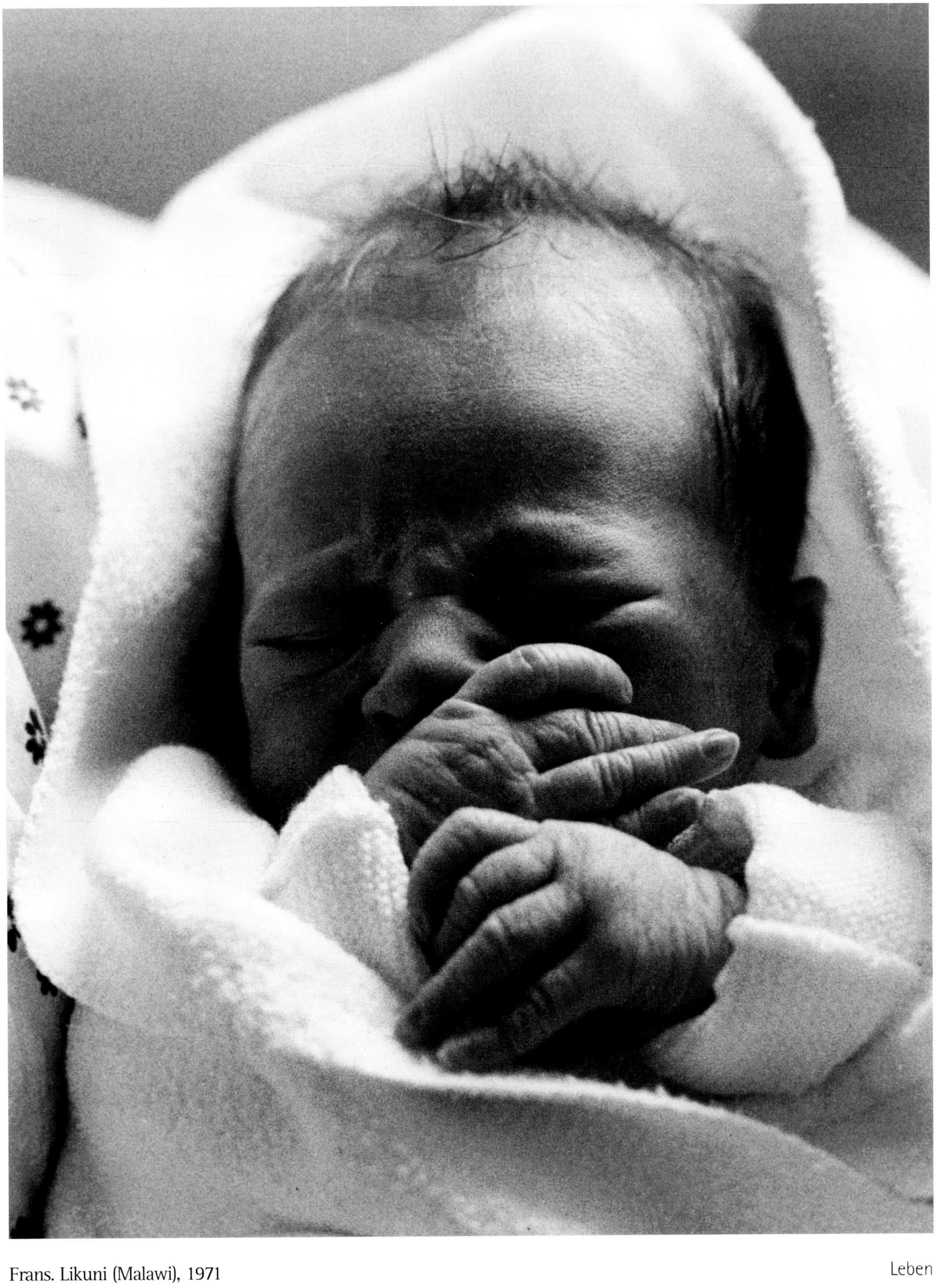

Frans. Likuni (Malawi), 1971

Lesotho (S.A.), 1964

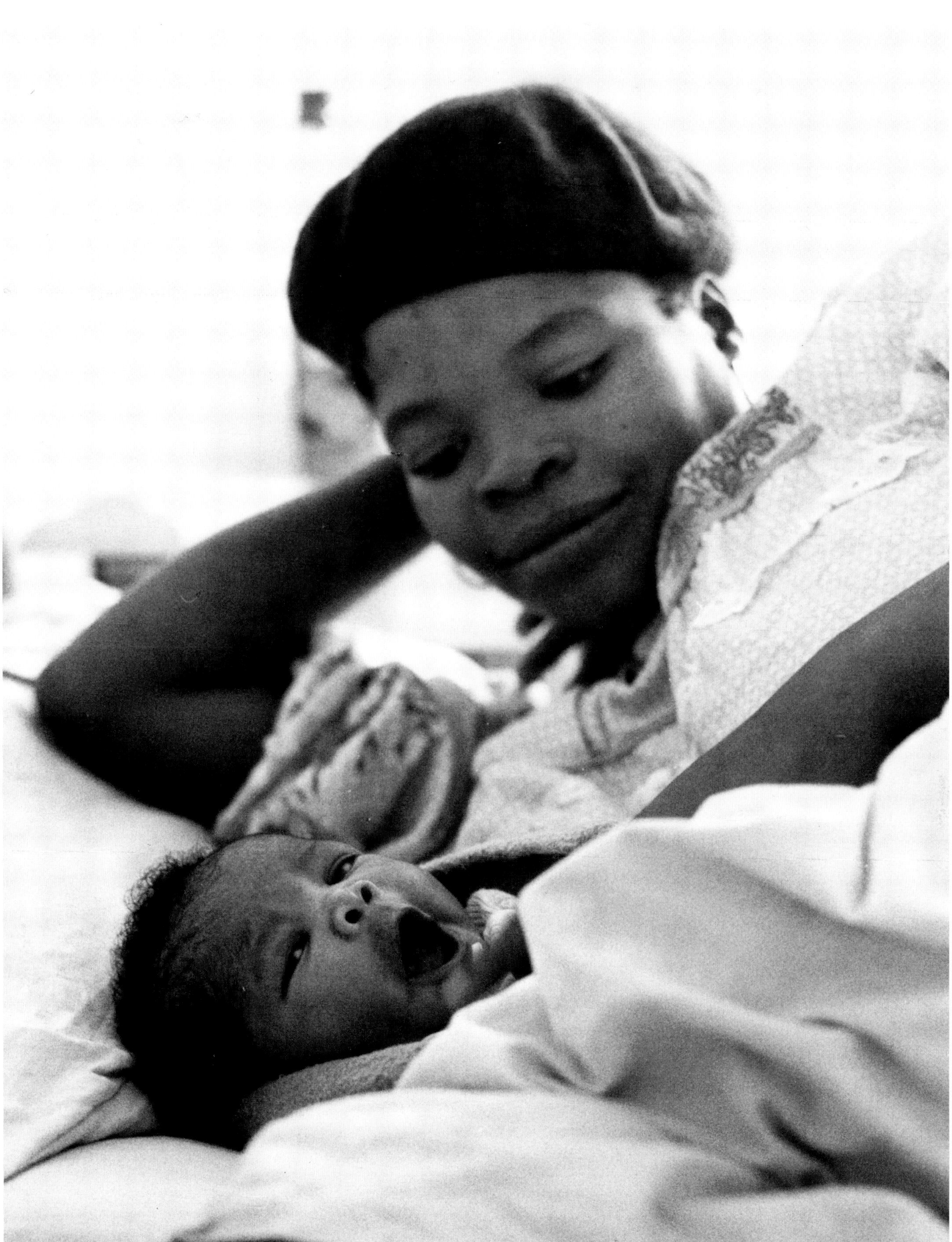

Lesotho (S.A.), 1963

Männer dürfen die Hütte einer Frau nicht betreten, bis ihr Kind zwei Jahre alt ist. Lesotho (S.A.), 1991

Lesotho (S.A.), 1957

Malawi (Z.A.), 1971

Lesotho (S.A.), 1991

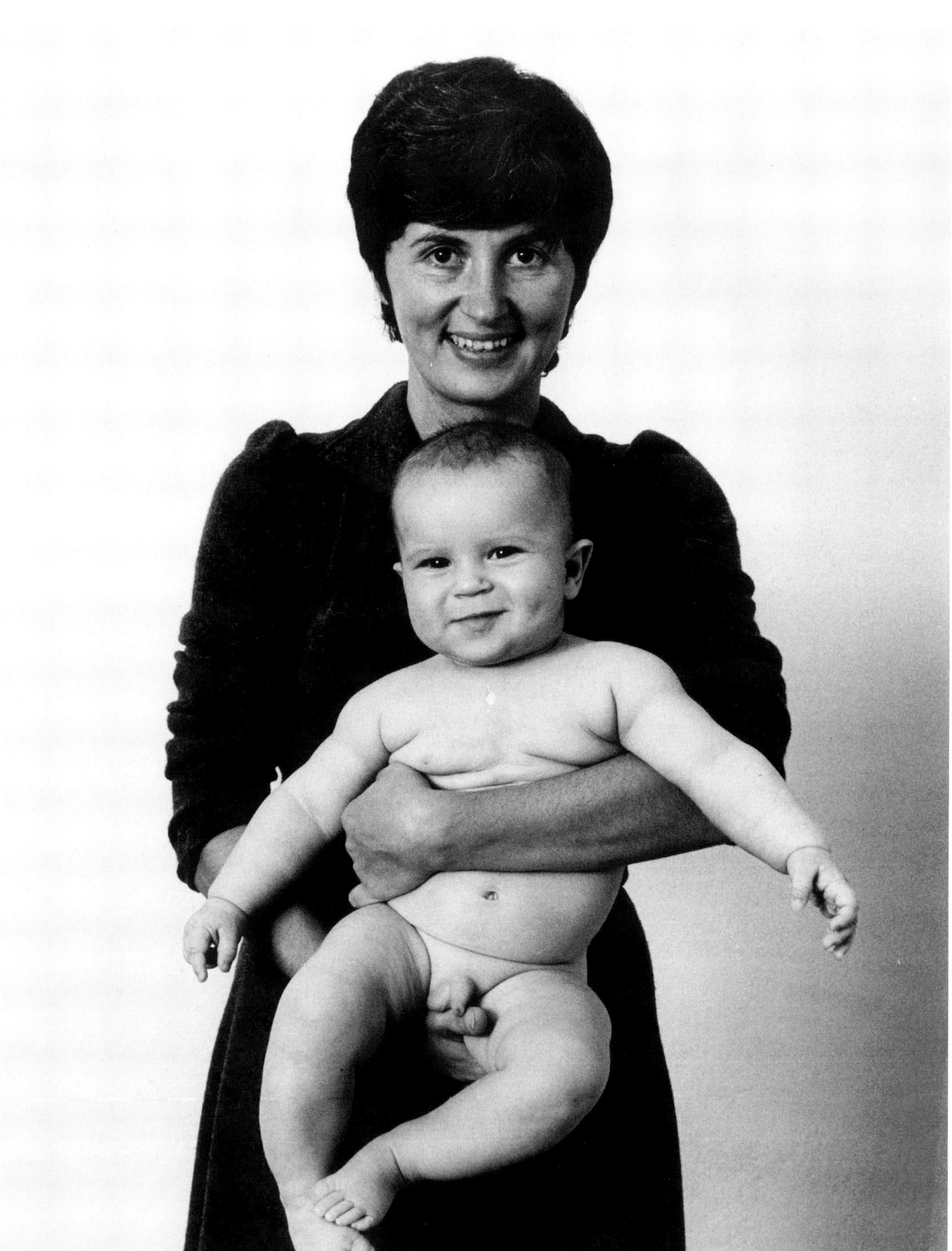

Kapfenberg, 1976

Pieter. Speyer/Rh. 1969

Seckau, 1989

Deutschlandsberg, 1973

Holland, 1974

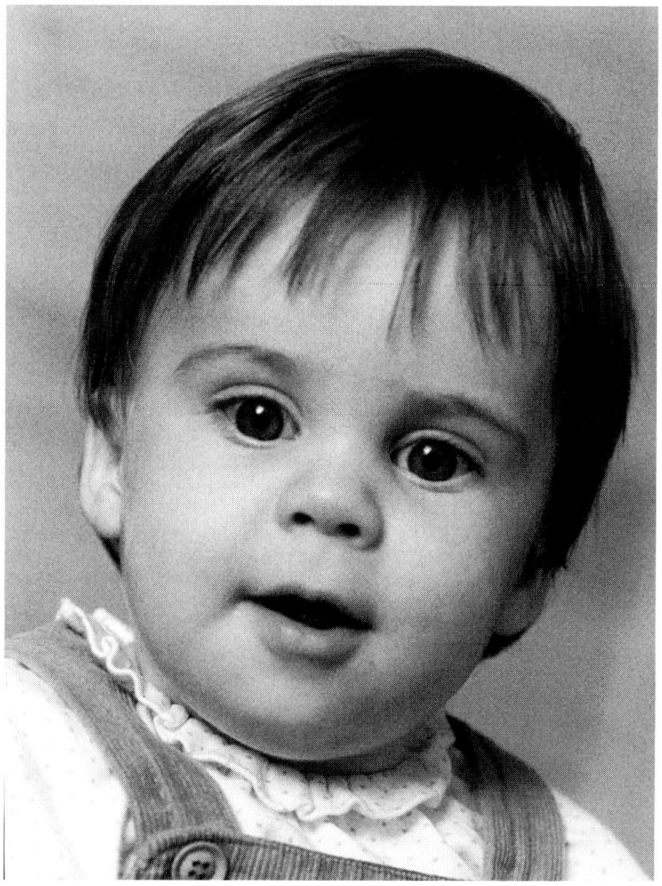

Seckau, 1982

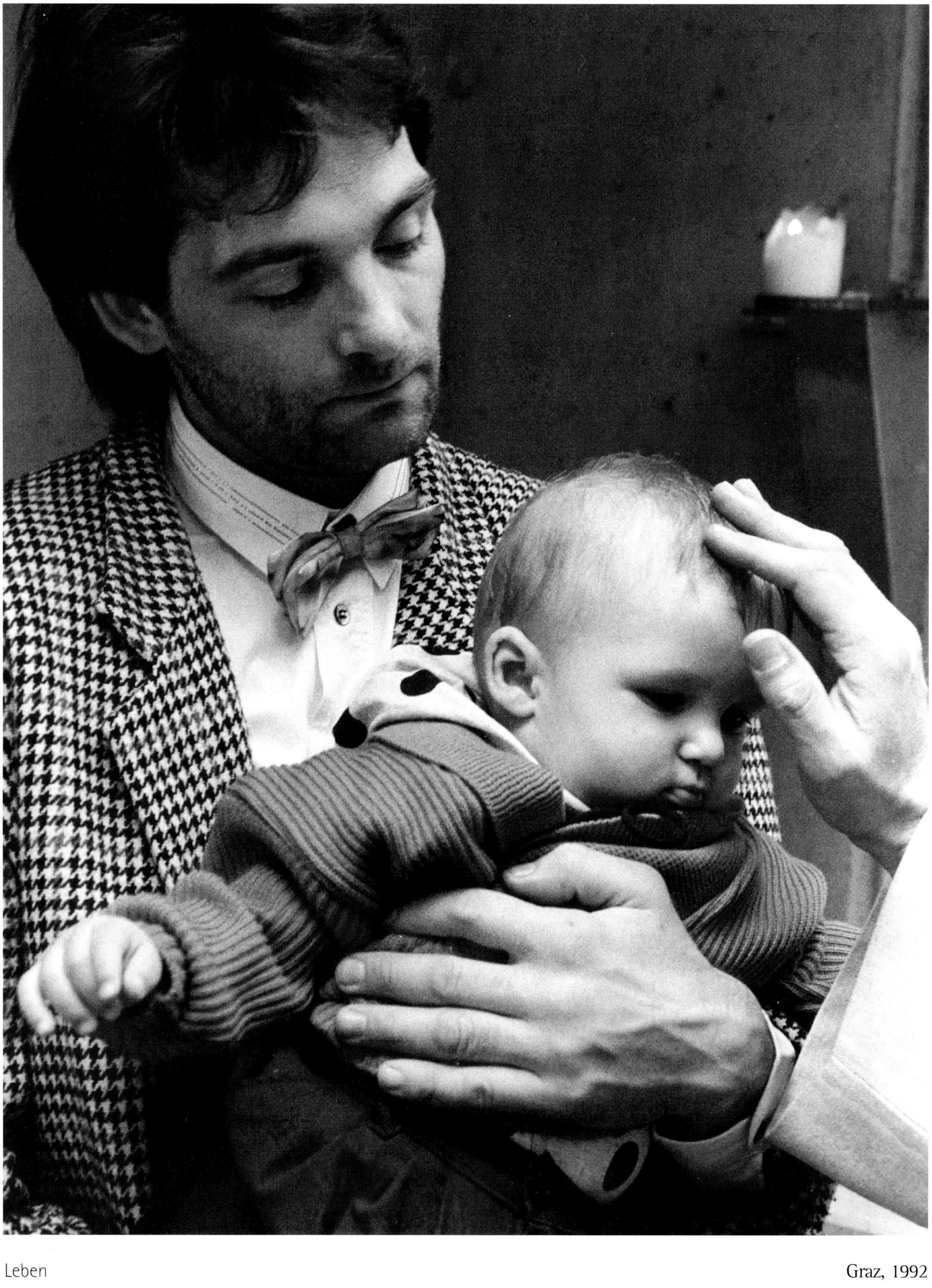

Graz, 1992

Kerala (Indien), 1984

Seckau, 1982

Pretoria (S.A.), 1991

Seckau, 1989

Seckau, 1987

Trofaiach, 1986

Althofen, 1992

Pieter und Frans. Graz, 1973

Deutschlandsberg, 1976

Argentinien, 1988

Botswana, 1985

Salzburg, 1996

Saragossa (Spanien), 1995

Pieter mit seinem Freund. Likuni (Malawi), 1972

Frans. Deutschlandsberg, 1978

London, 1997

Pretoria, 1991

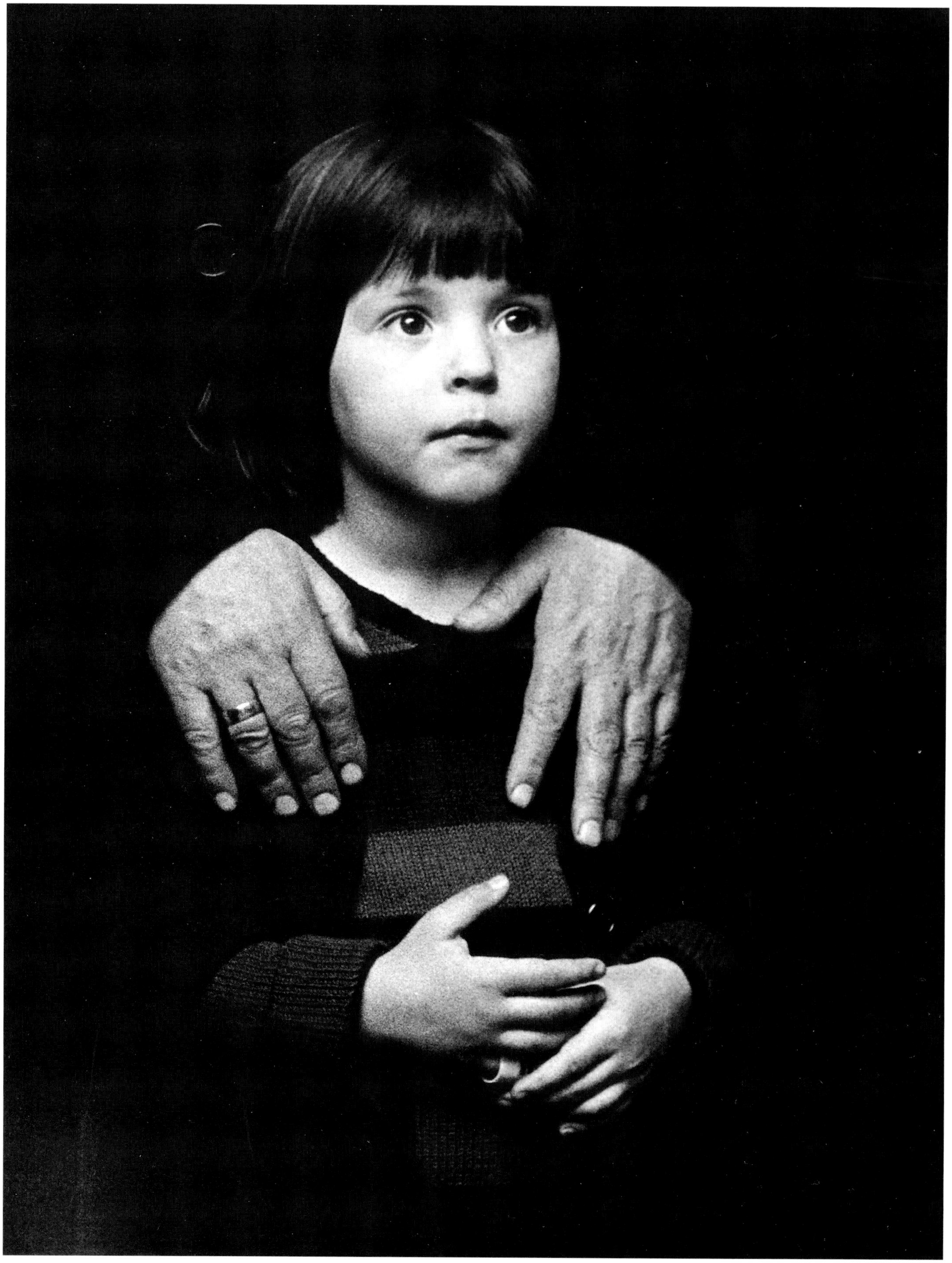

Graz, 1975

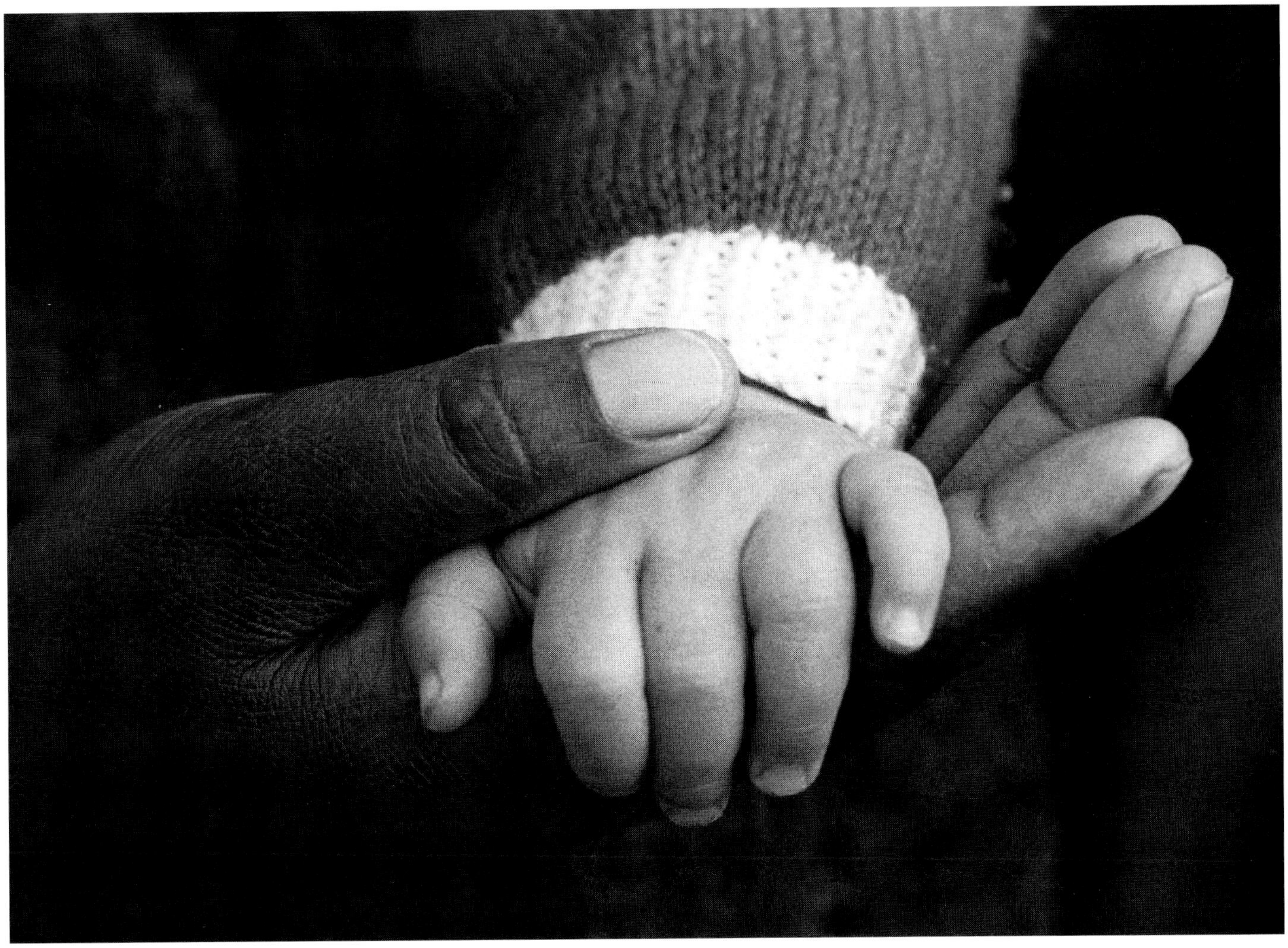

Johannesburg, 1991

Lesotho (S.A.), 1963

Kerala (Indien), 1984

Hirtenbuben. Lesotho, 1959

Malawi, 1972

Albi (Frankreich), 1994

Lesotho (S.A.), 1979

Chile, 1988

Speyer/Rh., 1967

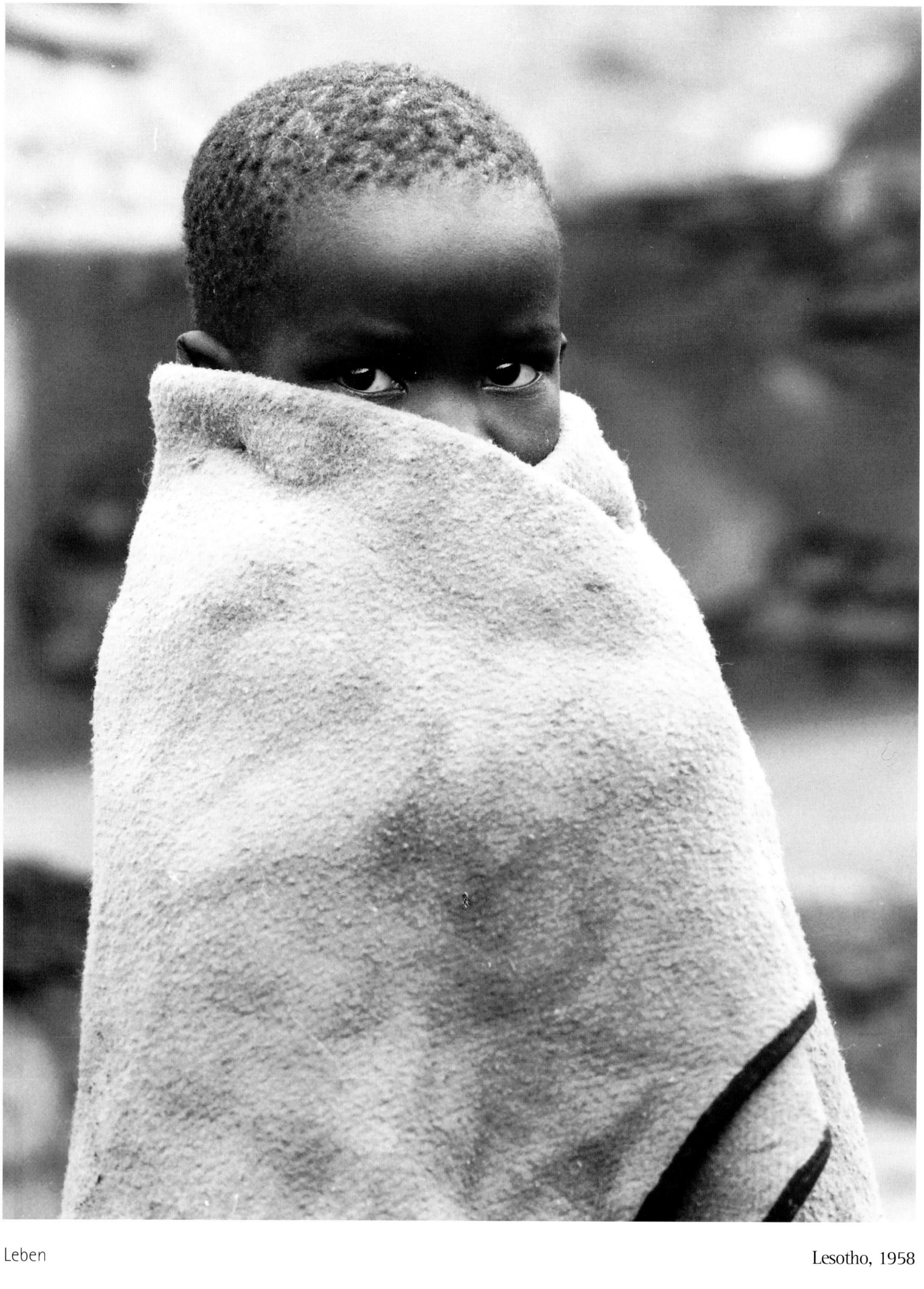

Lesotho, 1958

Lesotho, 1991

Kerala (Indien), 1996

Kerala, 1996

Lesotho, 1960

Kammern, 1983

Lesotho, 1961

John, der bei einem Unfall Arme und Beine verlor, gibt gratis Nachhilfeunterricht.
Cheshire Home, Bombay, 1990

Bulawayo (Zimbabwe), 1994

Botswana, 1985

Universität von Roma (Lesotho), 1979

Erwachsene lernen zusammen mit Schulkindern schreiben. Botswana, 1988

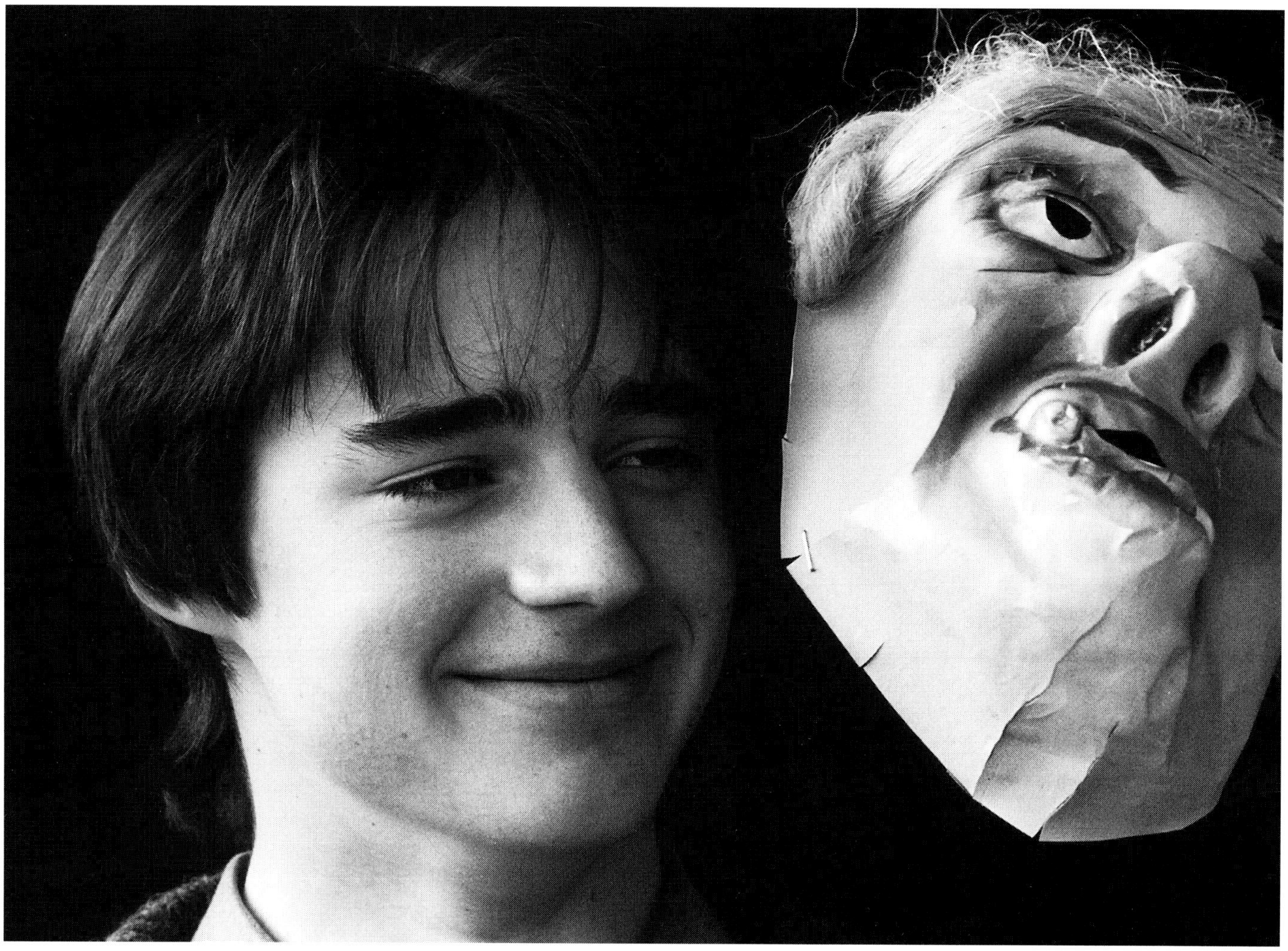

Frans. Seckau, 1989

Hippie. Amsterdam, 1974

Halbenrain, 1993

Narbonne (Frankreich), 1995

Flohmarkt. Graz, 1976

Rom, 1985

Pisa, 1983

Girona (Spanien), 1994

Metro. London, 1997

Santiago de Compostella (Spanien), 1995

Graz, 1976

Frans und Thomas. Seckau, 1989

Begegnung

Graz, 1966

Graz, 1976

Kreta, 1986

Ökumenische Versammlung. Graz, 1997

 Begegnung

Graz, 1972

Graz, 1978

Zirkus in Seckau, 1995

Zirkus in Seckau, 1995

 Oktoberfest. München, 1994

Theatergruppe Alt-Seckauer, 1994

 Begegnung

Graz, 1978

Florenz, 1989

 Begegnung Rom, 1991

Oktoberfest. München, 1994

Graz, 1995

München, 1995

Begegnung

Pretoria (S.A.), 1991

Pretoria (S.A.), 1991

St. Pauls Cathedral. London, 1997

Saragossa (Spanien), 1995

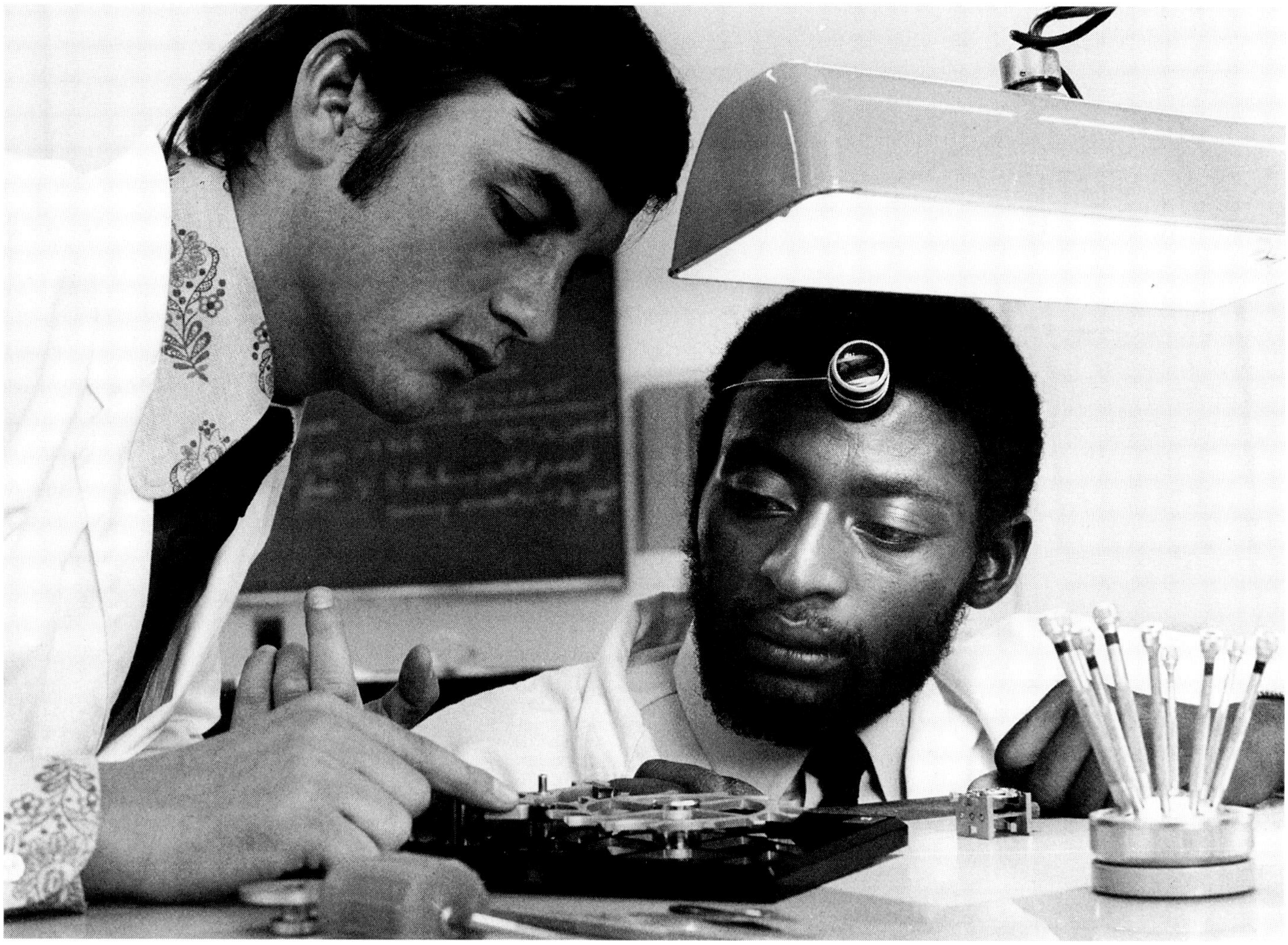

Johannesburg (S.A.), 1972

Bahnhof. Knittelfeld, 1997

Johannesburg (S.A.), 1991

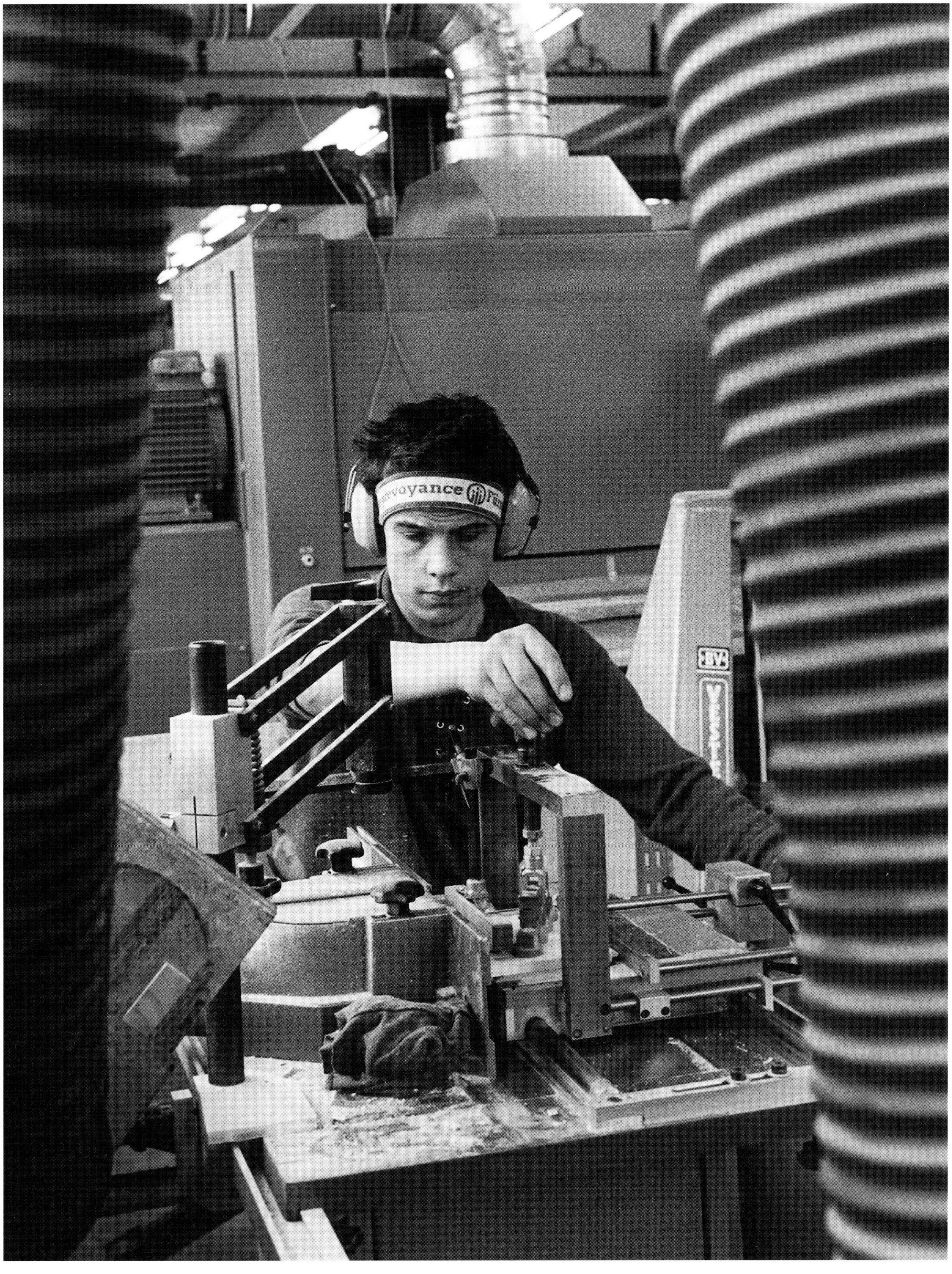

Werkstatt für Behinderte. Schweiz, 1987

Autowerkstatt. Knittelfeld, 1983

Lesotho (S.A.), 1979

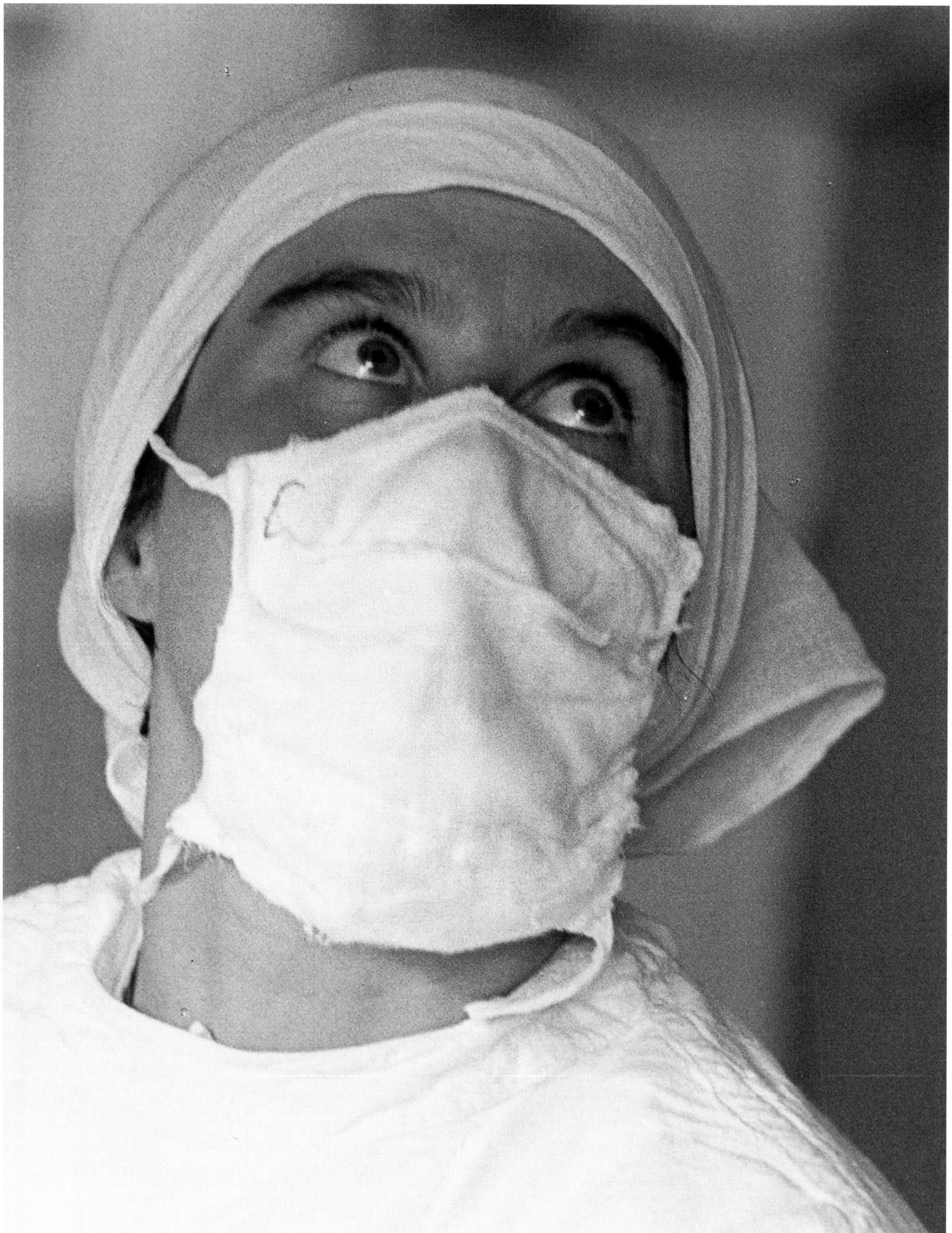

Speyer/Rh., 1968

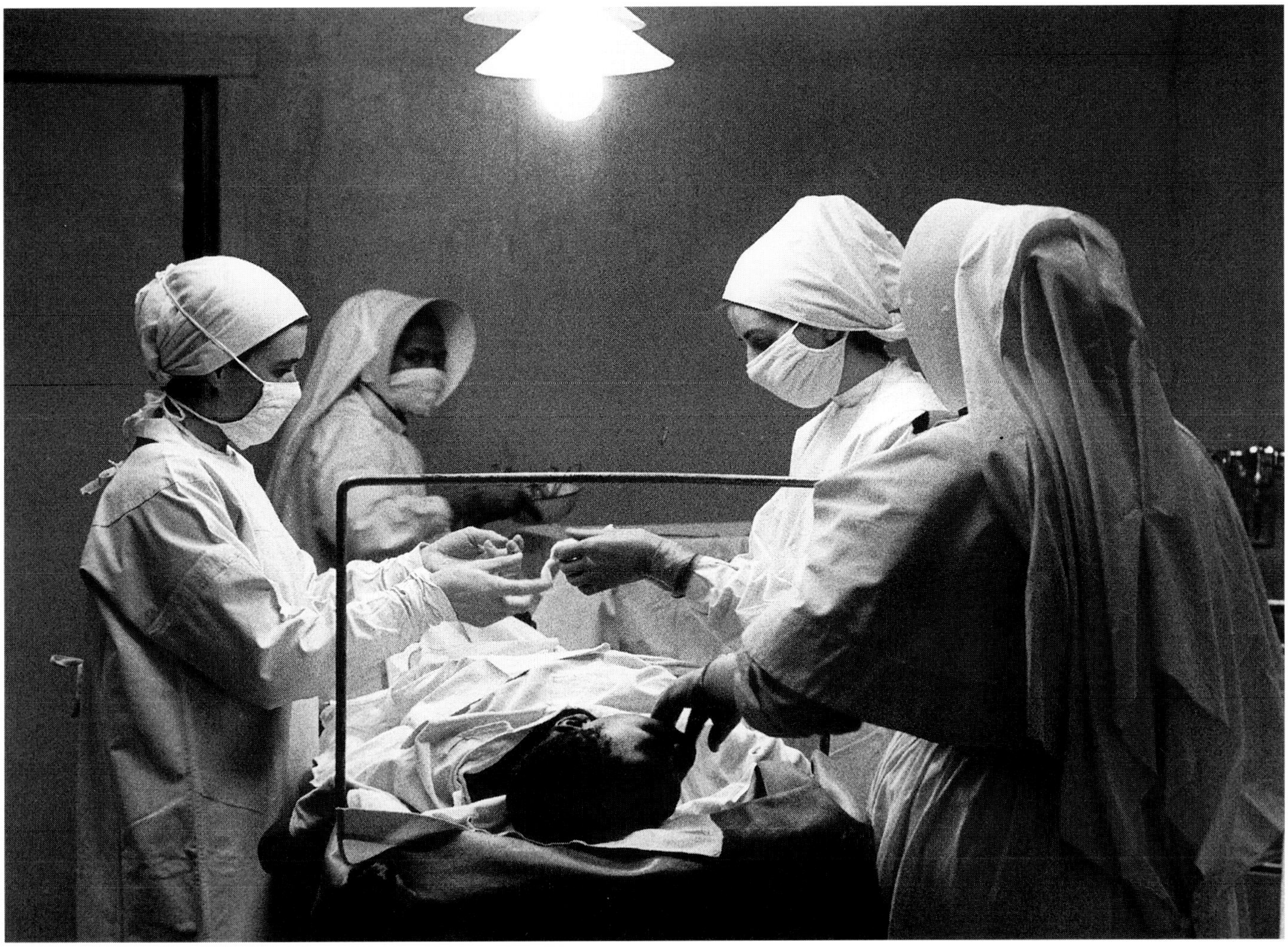

Lesotho (S.A.), 1965

Gabi, behindertes Mädchen als Krankenschwester. La Paz (Bolivien), 1988

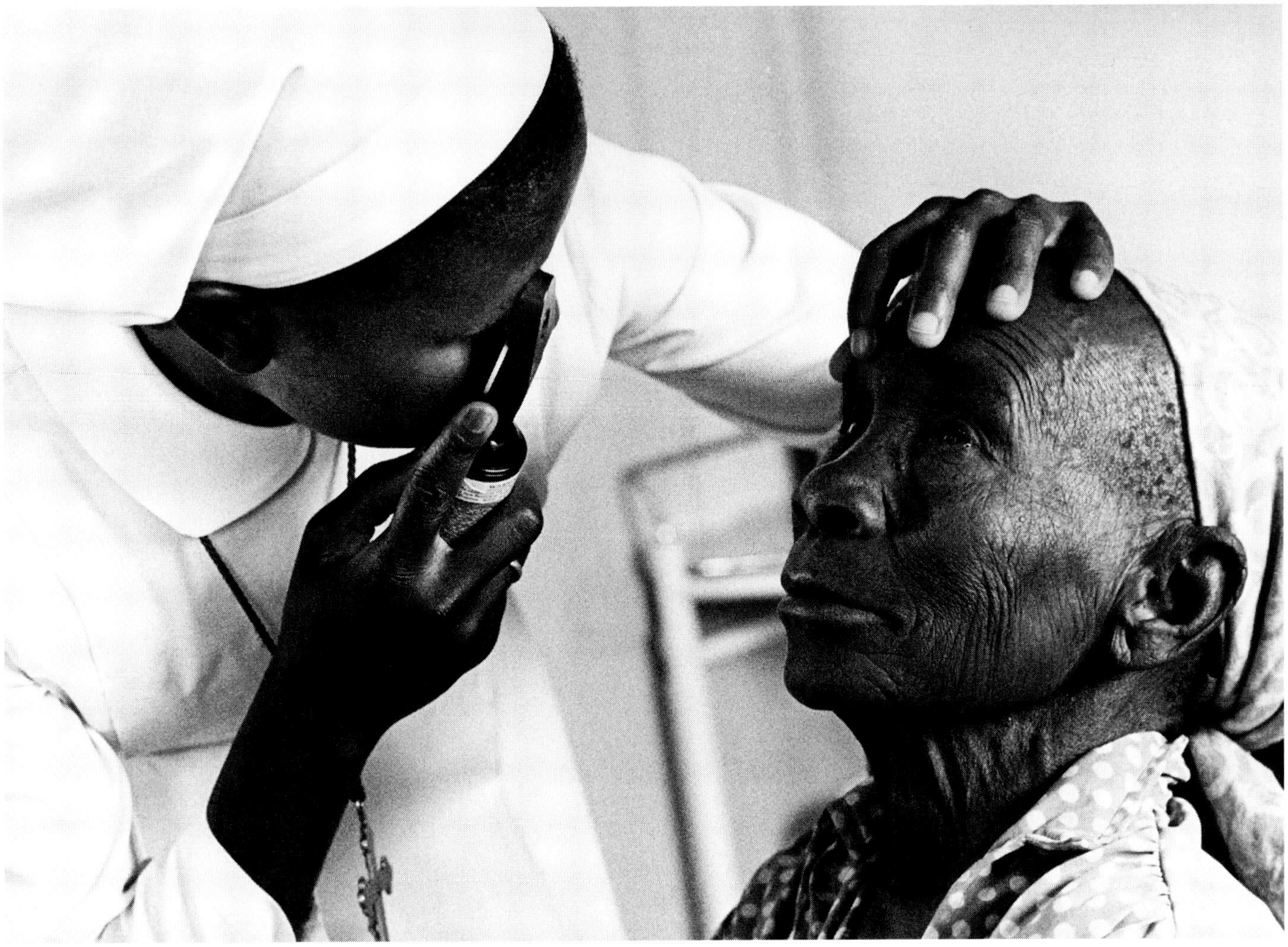

Malawi (Z.A.), 1970

Lesotho (S.A.), 1960

Trahütten, 1980

Trinkwassertransport. Lesotho (S.A.), 1979

Lesotho, 1979

Wien, 1975

Kerala (Indien), 1984

Lesotho, 1979

Lesotho, 1958

Lesotho, 1979

Kapstad, 1969

Siebenbürgen (Rumänien), 1992

Siebenbürgen, 1992

Trahütten, 1980

Kerala (Indien), 1984

Trahütten, 1980

Deutschlandsberg, 1980

Weihnachtsfeier. Kobenz, 1991

Pretoria (S.A.), 1991

Rom, 1991

Graz, 1995

Halbenrain, 1992

„Jugend musiziert“. Leoben, 1991

„Jugend musiziert". Leoben, 1983

Overath (BRD), 1982

Metrostation. Paris, 1979

Heiligenkreuz, 1987

Graz, 1975

Photokina. Köln, 1974

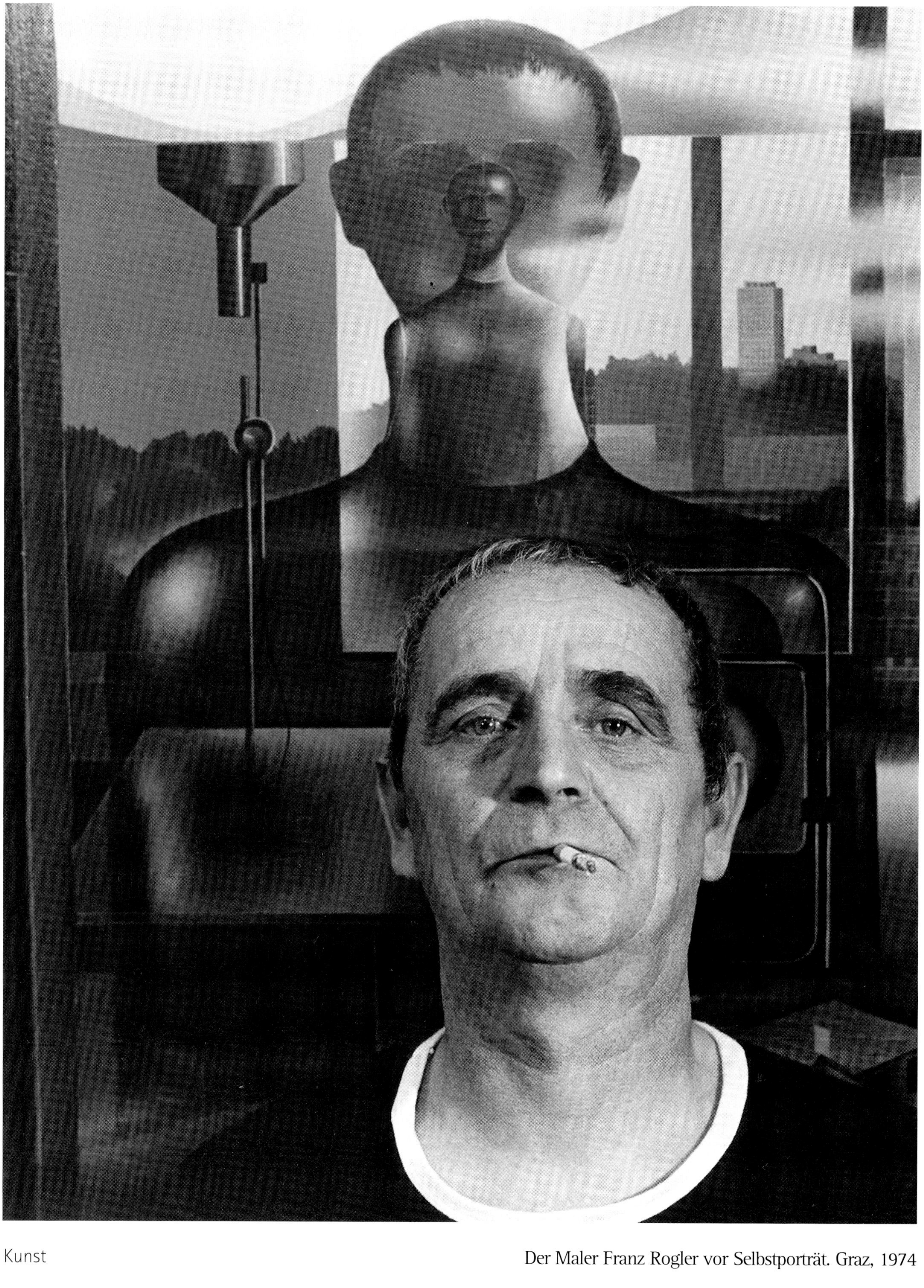

Der Maler Franz Rogler vor Selbstporträt. Graz, 1974

Florenz (Italien), 1983

Der Fotograf Ernst Haas. Köln, 1976

Der Akad. Maler Prof. Oswald Kollreider. Strassen/Sillian, 1996

Geigenbauer S. Onaie. Klausenburg (Rumänien), 1992

Bildhauer Friedrich Guschler. Süd-Tirol, 1992

Belfast (Nord-Irland), 1997

Belfast (Nord-Irland), 1997

Abendgebet vor Hindutempel. Kerala (Indien), 1992

Regentänzerinnen. Zimbabwe, 1994

Pater Desiderius OSB. Seckau, 1991

Oberzeiring, 1988

Budapest (Ungarn), 1981

Eucharistiefeier in einer Außenstation. Zimbabwe, 1994

Krankensegnung in einer Dorfkirche bei Bombay (Indien), 1997

Bulawayo (Zimbabwe), 1994

Der Tänzer Pater Francis Barbosa SVD. Bombay (Indien), 1997

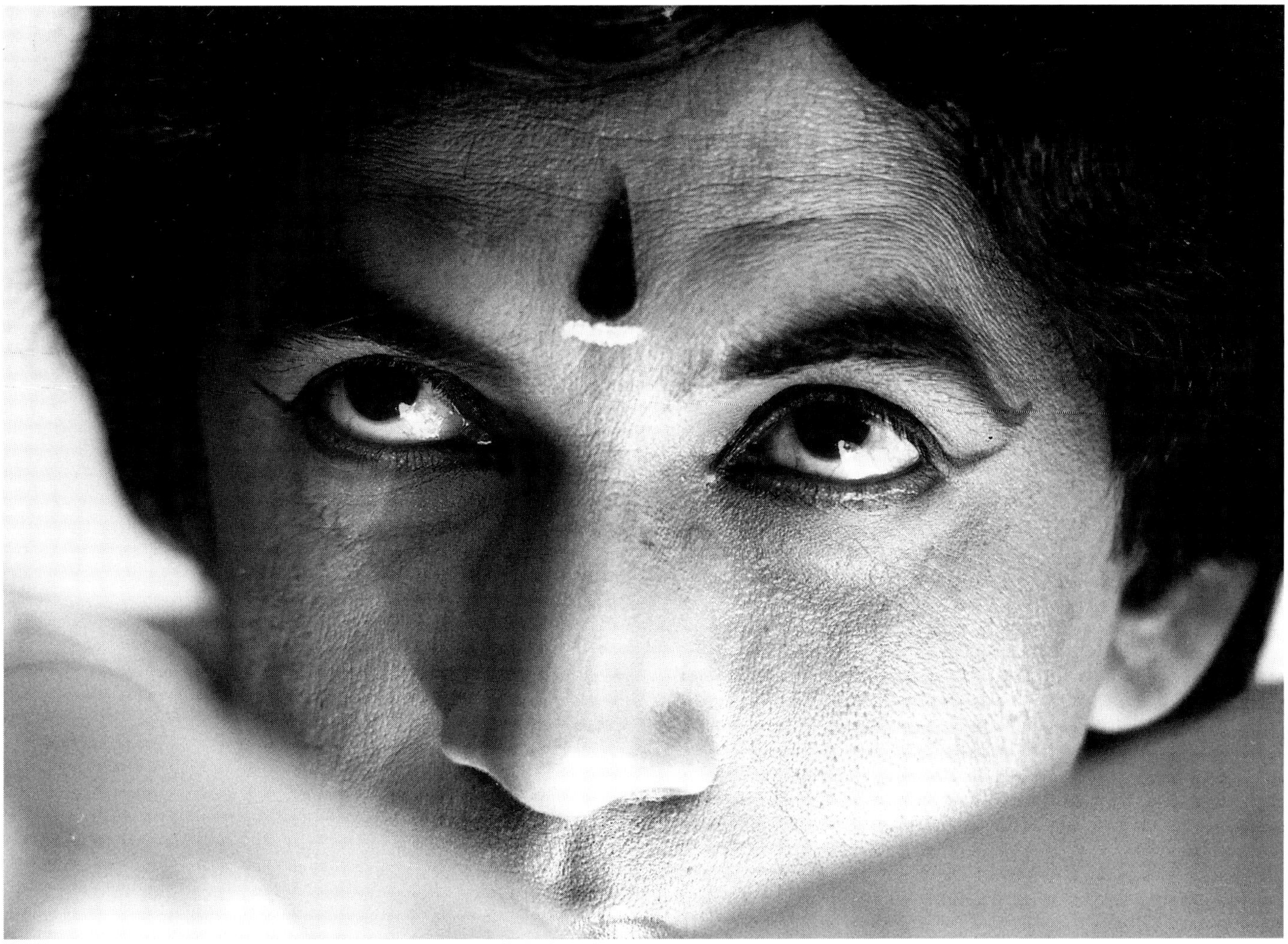

Der Tänzer Pater Francis Barbosa SVD. Bombay (Indien), 1997

Notre Dame de Paris, 1976

Hindupilger auf dem Weg zum Heiligtum. Kerala (Indien), 1997

Bruder Hermann OSB. Seckau, 1983

50 Jahre verbunden in der Ehe. Ost-Tirol, 1986

Kloster Nonnberg. Salzburg, 1982

Pieter van der Meer-De Walcheren, Mönch und Schriftsteller. Abtei Oosterhout (Holland), 1989

Eucharistiefeier in einem Dorf von Ureinwohnern. Orissa (Indien), 1996

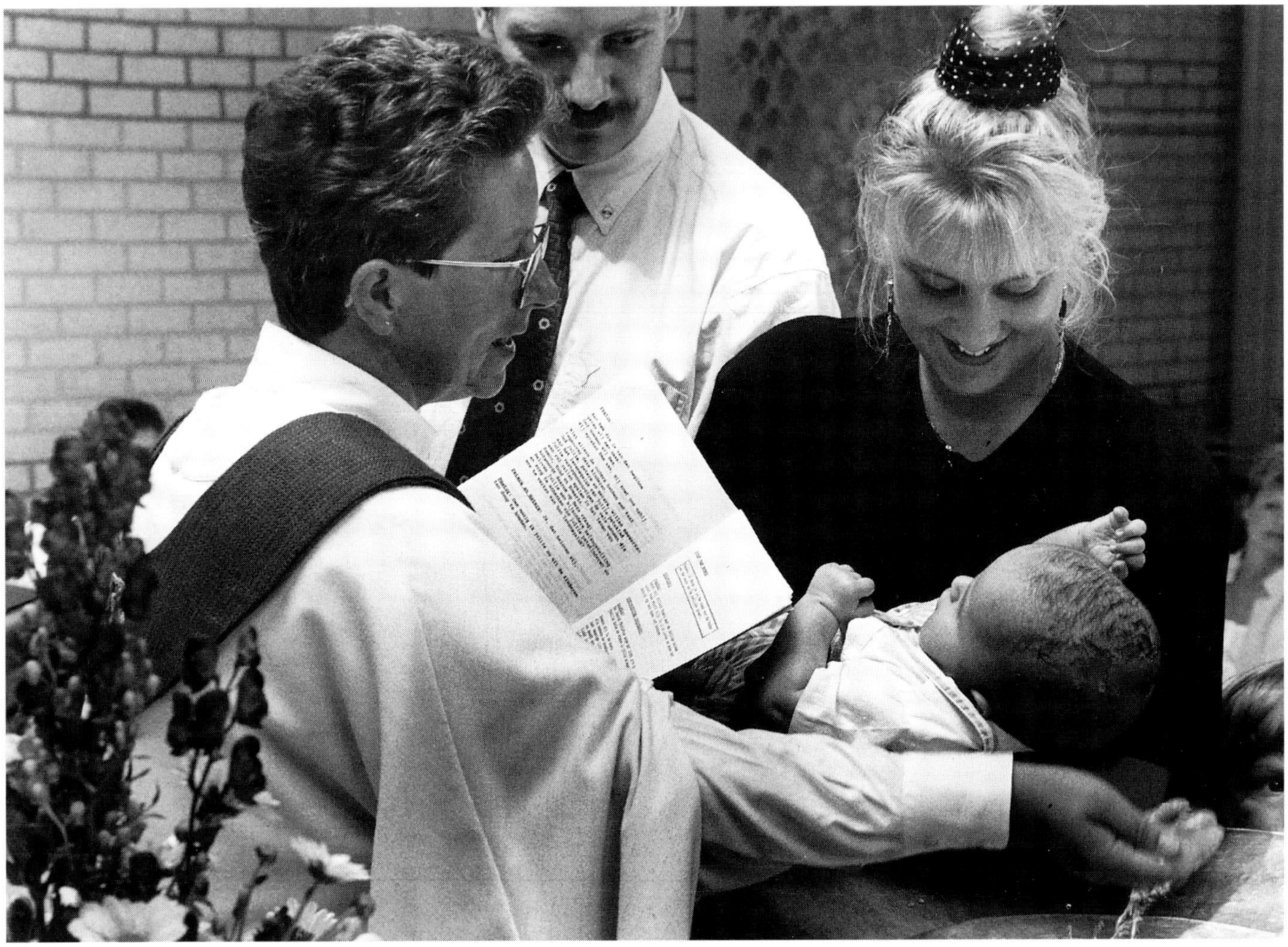

Pastoralassistentin Tonnie Gokke. Einhoven (Holland), 1989

Erstkommunion. Knittelfeld, 1987

Orissa (Indien), 1996

Boeckl-Kapelle., Seckau, 1990

Bulawayo (Zimbabwe), 1994

Krankenhaus der „Sisters of the H. Spirit“, Bombay, 1984

Stundengebet im Kloster der Klarissinnen. Lèlongwe (Malawi), 1994

Rom, 1966

Rom, 1976

Schlußfeier der Ökumenischen Versammlung. Graz, 1997

Rom, 1991

Patriarch Alexis von Moskau. Graz, 1997

Metropolit Staikos von Österreich und Bischof Johann Weber bei der Ökumenischen Versammlung. Graz, 1997

Präsident Thomas Klestil bei der Ökumenischen Versammlung. Graz, 1997

Metropolit Nestor Oltinici. von Craiorsa (Rumänien). Graz, 1997

An der Klagemauer. Jerusalem, 1981

Klagemauer. Jerusalem, 1981

An der Klagemauer. Jerusalem, 1981

An der Klagemauer. Jerusalem, 1981

Jerusalem, 1981

Jerusalem, 1992

Jerusalem, 1992

Jerusalem, 1992

An der Klagemauer. Jerusalem, 1992

Via Dolorosa. Jerusalem, 1992

Indora (Indien), 1996

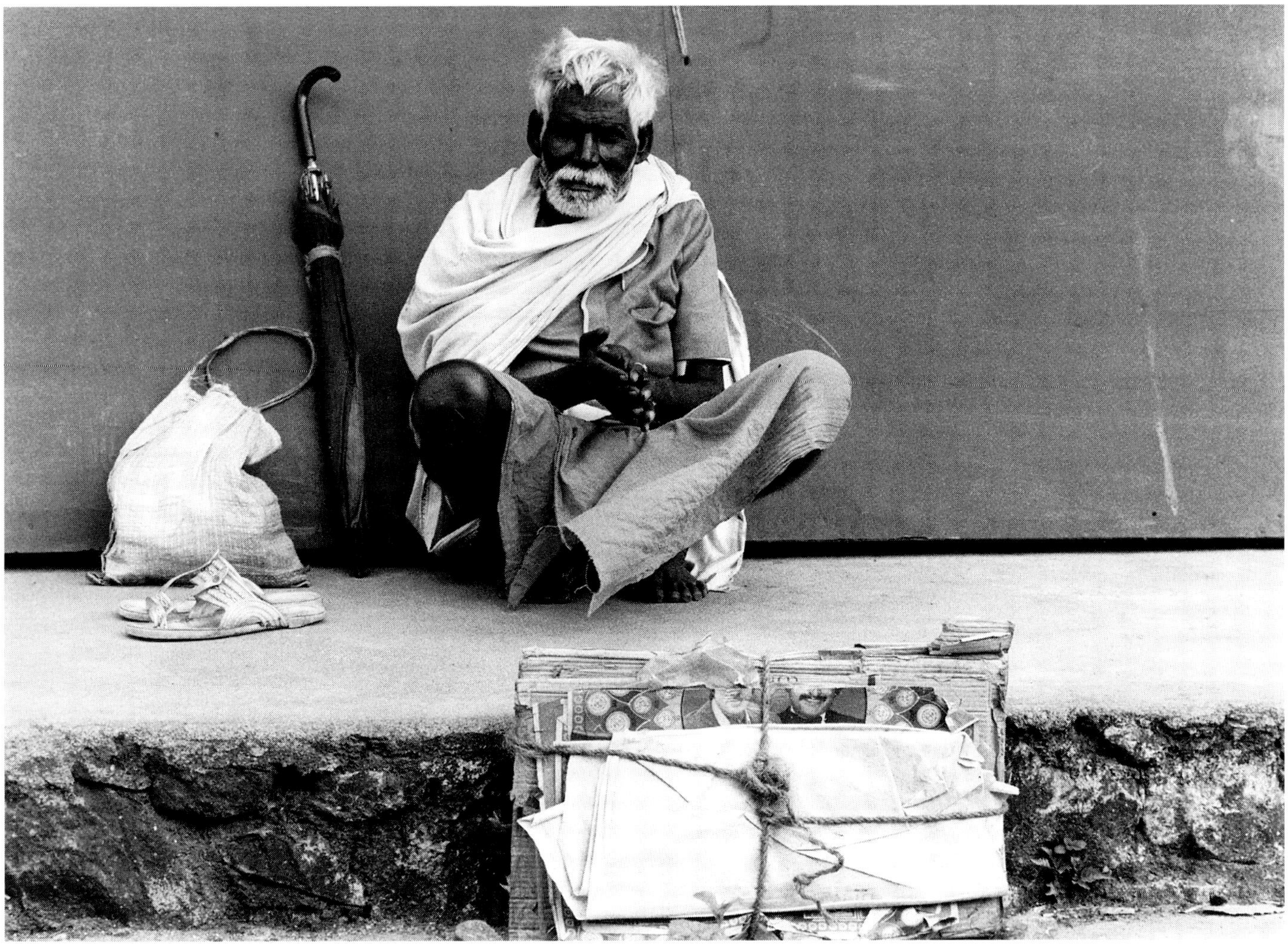

Kerala (Indien), 1990

Lepradorf in Orissa (Indien), 1996

Cocullo (Italien), 1976

Hauptplatz. La Paz (Bolivien), 1988

Serowe (Botswana), 1985

Kerala (Indien), 1997

La Paz (Bolivien), 1988

Türkische Flüchtlinge aus Bulgarien an der türkischen Grenzstation Kapikule, 1989

Türkische Flüchtlinge aus Bulgarien an der türkischen Grenzstation Kapikule, 1989

Türkische Flüchtlinge aus Bulgarien an der türkischen Grenzstation Kapikule, 1989

Türkische Flüchtlinge aus Bulgarien an der türkischen Grenzstation Kapikule, 1989

Bewohner des „Vinzidorfes“. Graz, 1995

Bewohner des „Vinzidorfes". Graz, 1995

Botswana, 1985

U-Bahnstation. München, 1996

Häuptling. Malawi (Z.A.), 1972

Häuptling. Lesotho (S.A.), 1954

Lesotho (S.A.), 1979

La Paz (Bolivien), 1988

Lesotho (S.A.), 1979

Lesotho (S.A.), 1979

Jerusalem, 1981

Jerusalem, 1981

Deutschlandsberg, 1980

St. Leonhard, 1983

Deutschlandsberg, 1979

Eindhoven (Holland), 1991

Siebenbürgen (Rumänien), 1993

Trahütten, 1977

Bahnhof. Budapest (Ungarn), 1981

Budapest (Ungarn), 1981

Graz, 1988

Innsbruck, 1965

Wien, 1988

Graz, 1993

Budapest (Ungarn), 1981

Budapest, 1981

Vater, kurz vor seinem Tod. Breda (Holland), 1974

Mutter. Breda (Holland), 1985

Begräbnis in Illieni (Rumänien), 1990

Begräbnis in Illieni (Rumänien), 1990

Begräbnis in Illieni (Rumänien), 1990

Begräbnis in Illieni (Rumänien), 1990

Pater Jos Voogt Omi, Alt-Provinzial und Generalassistent. Boxtel (Holland), 1983

Bischof Joseph Schoiswohl. Graz, 1981

Dichterin Paula Grogger. Öblarn, 1980

Friedensnobelpreisträgerin aus Irland, Mairead Corrigan. Graz, 1981

Akad. Maler Prof. Oswald Kollreider. Strassen/Sillian, 1996

Bischof Johann Weber. Seckau, 1983

Landtagspräsident Dr. Hanns Koren. Seckau, 1983

Bischof Erwin Kräutler aus Brasilien. Seckau, 1994

Botswana, 1985

Präsident Nelson Mandela. Pretoria (S.A.), 1996

 Graz, 1979

Die Schwiegereltern am 50. Hochzeitstag. Graz, 1979

In einem Altersheim. Breda (Holland), 1991

Mutters 75. Geburtstag. Breda (Holland), 1977

Knittelfeld, 1988

Abteigymnasium. Seckau, 1988

Indio. Las Batallas (Bolivien), 1988

Seckau, 1990

Großlobming, 1991

La Paz (Bolivien), 1988

St. Gabriel-Mödling, 1988

St. Gabriel-Mödling, 1988